MON COQ
edition

www.sabinehahn.net

SABINE HAHN

Die EISHOCKEY-Kids

ABENTEUER AUF DEM EIS

BAND 1

Dieses Buch gehört:

____

WILMA
Kleine Schwester
von Oskar, liebt
Pinguine und
Eishockey
FLO
Mit Wilma in
einer Klasse, ist
nicht zu bremsen
LOU
Große Schwester
von Flo, hat die
allerbesten
Ideen
OSKAR
Mit Lou in einer
Klasse, immer
mit cooler
Sonnenbrille
EISHOCKEY

Bibliografische Information der Deutschen Nationalbibliothek:
Die Deutsche Nationalbibliothek verzeichnet diese Publikation in der Deutschen Nationalbibliografie; detaillierte bibliografische Daten sind im Internet über http://dnb.dnb.de abrufbar.

Amtsgericht Frankfurt am Main HRA 48866

Idee, Text und Illustration: Sabine Hahn, www.sabinehahn.net
Sportfachliches Lektorat: Prof. Andy Gasser, Dr. Lars Lenze
Lektorat: Marlies Nelke-Fecher

Verlag: MON COQ edition e.K., de-Neufville-Str. 40,
60599 Frankfurt/Main (D), info@moncoq.com, www.moncoq.com
Druck: Libri Plureos GmbH, Friedensallee 273, 22763 Hamburg (D)

ISBN Buch: 978-3-9824698-8-1 / ISBN eBook: 978-3-9824698-9-8
ISBN Taschenbuch: 978-3-9826341-0-4

Foto Raeto Raffainer: Tom Hiller Fotografie

Die Eishockey-Kids sind überall im Buchhandel und über den Verlag auf www.moncoq-edition.com erhältlich. Leserbriefe und Fragen zu Autorenlesungen an: kinderbuch@sabinehahn.net

Auflage 2025

www.sabinehahn.net
www.moncoq-edition.com
www.facebook.com/Die Eishockey-Kids

Inhalt

Vorwort

Liebe Kinder,

herzlich willkommen bei den Eishockey-Kids!

Was gibt es Spannenderes, als mit all seinen Freunden einen aufregenden Sport zu entdecken und mit ihnen zu einem tollen Team zu werden; einem Team, in dem sich jeder auf den anderen verlassen kann und in dem eure Freundschaft zu wahrem Teamgeist wächst.

Lasst euch mitreißen von dem Abenteuer, das Oskar, Wilma, Flo und Lou in ihrem ersten packenden Buch der Eishockey-Kids erleben.

Lacht, staunt und fiebert mit ihnen; taucht ein in die faszinierende Welt des Eishockeys, eine der rasantesten und schier atemberaubendsten Sportarten der Welt.

Werdet mit diesem ersten Band selbst zu wahren Eishockey-Helden und -Heldinnen. Spürt die prickelnde Begeisterung und Freude am Eishockeyspiel ... in eurer Fantasie ... beim Lesen.

Entdeckt die Geschichten der Eishockey-Kids zusammen mit euren Freunden oder stellt sie in einer Buchvorstellung in eurer Schule vor.

Und wer weiß, vielleicht trefft auch ihr die Eishockey-Kids schon bald persönlich auf einer ihrer kunterbunten und interaktiven Autorenlesungen in eurem Verein oder in eurer Schule.

Wir freuen uns auf euch!

Eure Sabine & Die Eishockey-Kids

1. Frostige Rutschpartie

„Los, Oskar! Jetzt komm schon! Hier ist es ja stockdunkel!“

Unruhig tippelt Wilma vor ihrem großen Bruder von einem Bein aufs andere und zerrt ungeduldig an seinem Ärmel. „Wieso hast du überhaupt noch deine Sonnenbrille auf? Kein Wunder, dass du nichts siehst!“

Ihre piepsige Stimme hallt dabei durch den dunklen unterirdischen Gang des Zoos und ihre roten Zöpfe hüpfen wild hin und her.

„Pschhhht! Nur noch eine Minute!“, brummt Oskar. Angestrengt starrt der Junge auf die riesige Glasscheibe, hinter der sich unzählige Seehunde befinden müssten. Wo sind sie nur?

Doch nichts! Statt sich kreuz und quer jagender Tiere - nur trübes Wasser und ein paar Algen!

Da taucht ein riesiger Seehund so plötzlich vor ihm auf, dass Oskar vor lauter Schreck mit seiner prallgefüllten Popcorntüte umfällt. Sofort kullert die Hälfte heraus.

„So ein Mist!", flucht er, fast rutscht ihm dabei die coole Sonnenbrille von der der Nase.

„Na, ... sooo cool und doch erschrocken!", stichelt seine kleine Schwester, „Angsthase!"

„Ach Quatsch!", antwortet Oskar ertappt, sammelt alles auf und stapft möglichst lässig nach draußen. Hoffentlich hat niemand was gesehen!

Eigentlich war er heute mit seinem Freund Lion verabredet, der mit ihnen in den Zoo und vor allem zu den wilden Raubtieren wollte.

Tja, ... eigentlich, ... denn der Pechvogel liegt seit gestern mit Windpocken im Bett. Echt zu blöd!

So schreitet Oskar nun missmutig mit einer fast leeren Popcorntüte unter dem Arm hinaus ins grelle Tageslicht, richtet die Sonnenbrille und erreicht die nächste Anlage.

„Pinguine! Na endlich!", freut sich Wilma. Sie drückt ihre Nase platt an das kalte Glas, das sie von der frostigen Eislandschaft trennt. Hohe Eishügel erheben sich im Hintergrund und flachen nach vorne seicht ab. Strahlend weiß glitzert alles und schimmert in kühlen Blautönen.

Eine riesige Schar schwarz-weißer Pinguine watschelt munter über das glatte Eis. Da rutscht einer direkt vor ihren Augen aus und plumpst ins Wasser. „Ha, so wie du eben!“, lacht Wilma laut. „Die sind sooo süß!“, schwärmt sie entzückt, „Wie gut sie tauchen und wie mutig sie übers Eis schlittern! Das will ich auch können!“

Doch Oskar kann sich nicht so recht für diese tollpatschigen Tiere begeistern, die sich nun auf ihrem dicken Bauch ins Wasser gleiten lassen und kurz darauf genüsslich an der Oberfläche treiben; das ist niedlich, aber doch nicht mutig!

Raubtiere und Dinosaurier, die findet er viel beeindruckender, viel cooler. „Pfff, Pinguine sind doch nur was für Mädchen!“, denkt er ... Dabei ahnt er nicht, dass ihm schon bald ausgerechnet ein kleiner süßer Pinguin ziemlich aus der Patsche helfen wird.

2. Tumult am Aushang

Am nächsten Morgen erzählen alle Kinder in der Schulpause aufgeregt von ihren tollen Erlebnissen des Wochenendes.

Finn war im Kino, Nick bei seiner Oma und Lou war mit ihrer Familie und einem Alpaka wandern. Oskar träumt nur schweigsam vor sich hin und vermisst das Spielen mit Lion, der noch immer mit Windpocken im Bett liegt.

„Autsch! Jetzt remple doch nicht so!" hört er plötzlich seinen Mitschüler Max rufen, der sich den Oberarm reibt. „Pass doch auf!"

Sein Freund Lars aber lacht nur, tut ganz unschuldig und neckt ihn, bis beide plötzlich etwas Interessantes beobachten:

Frau Blume, die Schulsekretärin, steht am Schaukasten und tauscht den Aushang mit den Nachmittagsangeboten aus.

Doch gerade als sie die ersten Blätter herausnimmt, kommt ein Wind auf und alles fliegt davon!

Die beiden Jungen laufen neugierig zu ihr hin. Auch Oskar folgt ihnen und dicht hinter ihm Finn, Lou und Nick, die das Ganze nun ebenfalls bemerkt haben.

Am gläsernen Schaukasten angekommen, hat sich Frau Blume etwas einfallen lassen, um die Blätter nicht wieder im Windstoß zu verlieren: Mit den Händen heftet sie bunte Zettel an den Aushang, während sie die alten Blätter zwischen ihren Zähnen eingeklemmt hält.

Als sie gefragt wird, was für Zettel das seien, nickt sie schnaufend in den Kasten:

„Dasch schind die neuen Ageesch fürsch neue Schuljahr", antwortet sie, die Blätter immer noch zwischen den Zähnen.

Die Ersten beginnen schon zu lesen: „Nähen für Anfänger, Yoga zur Entspannung, Kochen für Kinder, ..."

Frau Blume hat nun auch den letzten Zettel angebracht. „Hier rechts sind übrigens die Sportangebote", erklärt sie. „Die Anmeldebögen der AGs gibt es demnächst von eurer Klassenlehrerin."

Hastig verabschiedet sie sich und läuft zurück ins große Schulgebäude.

Neugierig geht auch Oskar die vielen Gruppen des neuen Halbjahres durch: „Tischtennis, Handball, Fußball, ..."

Doch mit einem Mal schieben sich ihm zwei rote Zöpfe in den Weg und kitzeln in seiner Nase. Wilma! Und schon muss er laut niesen: „Hatschi!" Dabei schießt sein Kaugummi von seinem Mund direkt in den Zopf seiner kleinen Schwester. Unbemerkt fischt er ihn blitzschnell heraus, steckt ihn in die Hosentasche und schiebt Wilma zur Seite, um den Aushang besser sehen zu können.

„Was macht ihr denn alle hier?", fragt sie ihn verwundert und streicht sich durchs Haar.

„Lies doch selbst!“, schnieft Oskar, obwohl er weiß, dass sie in der ersten Klasse ist und noch nicht so gut lesen kann. Doch da bleibt sein Blick plötzlich an einer neuen AG hängen und seine näselnde Stimme überschlägt sich:

„Cool! Hier gibt es auch eine Eisbahn an der Schule! Da will ich hin! Ich gehe in die Eishockey-AG!“ Dann putzt er sich geräuschvoll die Nase.

„Wow! Endlich mal was Spannendes!“, rufen auch Finn und Nick neben ihm, „Echt klasse! Das machen wir!“

Aber schon verbessert ihre Mitschülerin Lena sie von weitem. „Das ist kein Eishockey, sondern Feldhockey!“, erklärt sie, „Ohne Eis, dafür auf einem Kunstrasen!“

Mit hängenden Schultern schauen sich die drei Jungen an. Wäre ja auch zu schön gewesen, um wahr zu sein! Ganz leise flüstert jedoch ihre Freundin Lou:

„Ach, von wegen ... Seht ihr, hier, weiter unten steht es doch ganz groß: EISHOCKEY!“

„Genau!“, piepst Wilma ihnen von unten zu und denkt dabei sofort an das tolle glitzernde Eis im Zoo und an ihre watschelnden Pinguine. „Da melden wir uns alle an! Das wird lustig!“

Oskar blickt zu Finn und Nick und findet es gar nicht lustig, mit seiner kleinen Schwester in einer AG zu sein. Muss das sein?!

Doch Wilma ist fest entschlossen und hat auch schon die nächste tolle Idee: „Flo, du musst aber auch unbedingt mitmachen!“ Entschieden zieht sie ihren Mitschüler zu sich, der sich geschickt durch die vielen versammelten Kinder quetscht.

Dieser Winzling?! Auch das noch!

Der kleine Junge blickt schüchtern zu den Großen hinauf. Dann grinst er mit einer riesigen Zahnlücke seine große Schwester Lou an.

Die zeigt sich ebenso wenig begeistert wie gerade noch Oskar. Nachdenklich beißt sie in ihr Käsebrot und kaut energisch.

Zusammen mit den kleinen Geschwistern Eishockey spielen! Na, das kann ja heiter werden!

AG-ANGEBO

3. Vorfreude mit Windpocken

Nach der Schulpause drängen alle Kinder wieder in ihre Klassen. Wilma und Flo eilen in ihren Klassenraum und auch Oskar, Finn, Nick und Lou machen sich auf den Weg.

An der geöffneten Klassentür werden sie bereits ungeduldig von ihrer Klassenlehrerin erwartet. „Höchste Zeit, ihr vier!“, nörgelt Frau Otto, zeigt mit tippendem Finger auf ihre Uhr und schließt die Tür hinter ihnen. Schon geht der Schultag weiter!

Doch die Zeit vergeht heute schnell und als Frau Otto den Unterricht wenige Stunden später beendet, teilt sie die Anmeldebögen für die neuen Nachmittagsgruppen aus. Langsam läuft sie dabei von Tisch zu Tisch und legt eine Anmeldung vor jedes Kind.

„Ich brauch aber zwei Zettel!“, erinnert Oskar seine Lehrerin. Schließlich muss er Lion unbedingt auch gleich eine Anmeldung bringen, damit er sich ebenfalls für die Eishockeygruppe anmelden kann. Eifrig kreuzt Oskar nun das kleine Kästchen an und trägt seinen Namen und die

Klasse - zur Abwechslung in leserlicher Schrift - in die passenden Felder ein.

Auch seine drei Freunde haben ihre Zettel bereits ausgefüllt. Verschwörerisch nicken sie sich zu und Lou verziert ihren Anmeldebogen sogar mit unzähligen Eiskristallen ringsherum.

Alle sind voller Vorfreude. Ihr Mitschüler Max dagegen stöhnt: „Oh nein! Jetzt hab ich meinen Vornamen ins falsche Feld geschrieben! Ist das blöd!" Mit kräftigen Strichen streicht er alles durch. „Wie verschmiert das jetzt aussieht!" Oskar schaut ihn mitfühlend an.

Verärgert beginnt Max von vorn. Auch Frau Otto schaut ihn mitleidig an und erklärt: „Bis zum Wochenende müsst ihr eure ausgefüllten Anmeldungen wieder abgeben."

Als der Unterricht kurz darauf endet, packt Oskar seine Hefte und Bücher in seine dicke Schultasche. Lions Anmeldung behält er fest in der Hand. Als Erster erreicht er die Tür.

„Tschüss Frau Otto!“, ruft er der Lehrerin noch zu und gemeinsam mit seinen Freunden rennt er nach draußen. „Endlich Schule aus!“

Am Eingangstor warten bereits Wilma und Flo auf sie und gemütlich schlendert die kleine Gruppe nach Hause.

Wie viele andere kennen sich auch Oskar und seine Freunde bereits seit dem Kindergarten. Dabei spielte Lou schon damals ab und zu mit den Jungen, auch wenn diese hin und wieder die Toiletten verwüsteten oder sich draußen wilde Sandschlachten lieferten. So manche Erzieherin war sicher erleichtert, als dieser wilde Haufen schließlich in die Schule kam und etwas mehr Ruhe in ihrem Kindergarten einkehrte.

In Gedanken versunken trotten sie nun den Gehweg entlang.

Als sie an einer Ampel vorbeilaufen, hören sie ihre Mitschülerin Lena, die ihren beiden Freunden lautstark irgendwas von *Olympia* und einer *WM* im Fernsehen erzählt.

Oskar denkt an die coolen und rasanten Eishockeyspiele, die er manchmal mit seinem Vater im Fernsehen verfolgt. Ob sich die drei mit ihnen für die gleiche AG anmelden?

Noch immer hält er die Anmeldung für Lion in den Händen und hofft, dass auch er sich für Eishockey entscheiden wird.

Und das tut er!

Als sich die Freunde mit sicherem Abstand vor seinem Haus versammeln, - schließlich will sich keiner mit diesen juckenden Pusteln anstecken - ruft er ihnen voller Eifer von oben aus seinem geöffneten Fenster zu:

„Na klar! Ich bin dabei!“ Ein Strahlen geht über sein rot gesprenkeltes Gesicht. „Das wird mega cool! Garantiert machen nur die Großen aus unserer Schule mit!“, ist er überzeugt, „Das ist doch nichts für Kleine!“

Oskar und Lou schauen sich gleichzeitig an. Wenn er sich da mal nicht täuscht! Vorerst verschweigen sie ihm wohl besser, dass sich ihre kleinen Geschwister Wilma und Flo dort schon angemeldet haben. Sonst entscheidet er sich am Ende doch noch für eine andere Gruppe.

Währenddessen laufen die zwei Jüngeren längst weiter vorne. Vergnügt spielen sie sich mit zwei langen Ästen laut scheppernd eine flache, plattgetretene Getränkedose zu.

Oskar lässt Lions Anmeldung sorgfältig in den schmalen Schlitz des Briefkastens gleiten. Dann winken sie ihrem kranken Freund alle ein letztes Mal zu und gehen nach Hause.

4. Zieht euch warm an!

Die Tage vergehen und Lions Windpocken zeigen sich hartnäckiger als gedacht. Noch immer ist er zu Hause und es juckt und kratzt überall, während seine Freunde in der Schule aufgeregt der Einteilung in die AGs entgegenfiebern.

Dann endlich ist es soweit! Mitten in der schwierigen Mathearbeit, die sie heute bei Frau Otto schreiben, klopft es plötzlich von außen an ihre Tür. Voller Hoffnung schauen sich die Ersten um.

Verwundert steht ihre Lehrerin auf und streckt ihren Kopf halb zur Tür hinaus, während sie versucht, ihre Klasse trotzdem noch wachsam im Auge zu behalten.

Doch schon haben die ersten Zettel und Lösungen ihren Weg unter die Tische gefunden und nicht nur Max freut sich über das Anklopfen, das ihm soeben seine Mathenote gerettet hat.

Als Frau Otto die Tür wieder schließt, schaut sie misstrauisch durch ihre Klasse. Alle scheinen jedoch brav und mit hochroten Köpfen an ihren

Klassenarbeiten zu schreiben: Die einen sind rot vor Anstrengung, die anderen allerdings aus Furcht, doch noch erwischt zu werden.

Wenig später erklärt sie: „So, ... jetzt geben mir bitte alle ihre Arbeitsblätter ab. Vergesst nicht, euren Namen zu notieren. Sobald ich alle eingesammelt habe, bekommt jeder von euch seine Rückmeldung zu den AGs. Die habe ich gerade erhalten."

Sie verstaut alle Mathearbeiten in ihre große Mappe und beginnt mit dem Verteilen der AG-Mitteilungen.

Aufgeregt halten schließlich auch Oskar und Lou, die schräg vor ihm sitzt, ihre Briefe in den Händen. Während Lou ihren Umschlag vorsichtig öffnet, hat Oskar seinen bereits hastig aufgerissen und jubelt: „Ja! Ich bin drin!"

Lou hat es ebenfalls geschafft und wurde in die Eishockey-AG aufgenommen, ebenso Finn und Nick, die sich freudestrahlend abklatschen.

Zufrieden wedeln sie mit ihren Papieren in den Händen und winken Oskar von der anderen Klassenseite zu. Dann deuten sie aufgeregt in den Umschlag, in dem sich anscheinend noch etwas befindet. Was mag das sein?

„So ein Mist!", ärgert sich Oskar, als er merkt, dass er mit dem Aufreißen des Umschlags auch den zweiten Zettel zerrissen hat. Unzählige Papierschnipsel liegen auf seinem Tisch verstreut und er versucht ungeduldig, dieses schwierige Puzzle wieder zusammenzusetzen. Finn und Nick sind währenddessen aufgesprungen und nicht mehr zu bremsen. „Das ist sooo cool!", rufen sie.

Oskar hat keine Ahnung, welche Nachricht er da dummerweise zerstückelt hat, bis ihm Lou ihren eigenen zweiten Zettel freudestrahlend auf seinen Tisch legt. Mit dem Zeigefinger tippt sie auf das aufgedruckte Foto ihrer Trainer, auf deren riesigen Trikots stolz ein Wappen prangt:

Es sind echte Nationalspieler!

Mit glänzenden Augen streicht Oskar über das Foto. Als es dann zur großen Pause klingelt, rennen alle glücklich mit ihren Briefen hinaus. Oskar stopft sich eilig alle Papierschnipsel in die Hosentaschen, setzt seine wichtige Sonnenbrille auf und folgt seinen Freunden.

Auf dem Schulhof herrscht überall ein reges Treiben. Lebhaft unterhalten sich alle über ihre AG-Gruppe und versuchen herauszufinden, wen sie dort noch alles antreffen werden.

„Hoffentlich ist Lion auch in unsere AG gekommen!", überlegt Oskar.

„Ganz bestimmt!", antworten ihm Finn und Nick. „Schließlich haben ihn seine Eltern noch pünktlich angemeldet."

Und gemeinsam lesen sie wieder und wieder den Brief ihrer Trainer durch:

„Liebe Kinder,
herzlich willkommen in der Eishockey-AG!

Wir freuen uns sehr, dass ihr euch für Eishockey interessiert und diese rasante Sportart erlernen wollt: eine der schnellsten Sportarten der Welt!

Bringt einfach viel gute Laune, ... und einen Fahrradhelm ins Training mit. Schlittschuhe gibt es gratis!

Unsere erste Trainingsstunde wird schon am Donnerstag um 14:00 Uhr in unserer neuen Eishalle stattfinden.

Doch ihr müsst nicht alleine dorthin laufen, denn wir treffen uns um 13:30 Uhr am großen Eingangstor eurer Schule.

Nehmt euch etwas zum Trinken mit und ... zieht euch warm an!

Sportliche Grüße,

eure Trainer Sandy und Mo aus den Jugend-Nationalteams"

Die Freunde sind ganz aus dem Häuschen: „Echte Nationalspieler!" Sie hüpfen auf und ab.

Auch Oskar und Lou können es kaum fassen, bis sie jedoch Wilma und den kleinen Flo auf sich zugerannt kommen sehen. In ihren Händen flattern die gleichen Zettel im Wind.

„Guck mal, Oskar!“, piepst Wilma vor Aufregung, „Das ist Säääändi, unsere Trainerin! Sieht die nicht total cool aus?!“ Sie versucht, ihre Augenbrauen ebenso entschlossen anzuheben, wie die junge Frau auf dem Foto.

Auch Flo ist begeistert und erklärt stolz: „Ja! Und Mo reimt sich auf Flo! Ich werd bestimmt genauso gut wie er!“

Dabei tippt er zuerst auf das Wappen auf der Trainerbrust und schließlich auf das mit Filzstift gekritzelte Wappen auf seinem eigenen T-Shirt.

„Na klar, ... und Mama wird sich bestimmt über dein verschmiertes neues T-Shirt freuen!“, ermahnt ihn Lou und schüttelt den Kopf. Naja, immerhin hat ihr kleiner Bruder anscheinend ein sehr gesundes Selbstbewusstsein.

Oskar dagegen ärgert sich noch immer über seinen zerrissenen Brief. Dann aber schluckt er: „Zieht euch warm an!“ steht dort geschrieben.

Das klingt irgendwie schon etwas bedrohlich ...

EISHOCKEY CLUB

Liebe Kinder,
herzlich willkommen in der
Eishockey-AG!

Wir freuen uns sehr, dass
ihr diese rasante Sportart
erlernen wollt … zieht
euch warm an!

Eure
Trainer
Sandy
und Mo

5. Los geht's!

Die Zeit bis zum ersten Eishockeytreffen vergeht zum Glück wie im Flug.

Während Oskar schon am Vortag seinen Fahrradhelm aus dem Keller geholt hat, poliert auch Wilma ihren gelben Helm heute blitzblank und pfeift fröhlich vor sich hin. Endlich geht es aufs Eis! Wie ihre geliebten süßen Pinguine!

„Ob wir gleich ein richtiges Spiel machen und Tore schießen werden?“, fragt Oskar seine Schwester Kaugummi kauend. Er kann es kaum noch erwarten!

Sie aber zuckt nur mit den Schultern und erklärt: „Ich glaube nicht. Wir können das doch alles noch gar nicht.“

Plötzlich fällt Oskar ein, dass er lange nicht mehr auf dem Eis war ... sehr lange nicht mehr!

Und ein mulmiges Gefühl steigt in ihm auf.

Nick und Finn bereiten sich ebenfalls auf ihr erstes Eishockeytraining vor. Unzufrieden steht

Finn vor dem Spiegel und schüttelt seinen Kopf. Sein Helm rutscht dabei hin und her.

„Verflixt! Der ist viel zu groß!“, ruft er laut in die Wohnung.

„Ich weiß!“, antwortet seine Mutter, „Aber dein alter Helm ist nun mal viel zu klein und dein Vater braucht seinen gerade nicht. Du könntest aber auch meinen haben!“. Sie grinst, als sie sich Finn in ihrem pinkfarbenen Helm vorstellt.

Wild schüttelt er abermals den Kopf und der Helm rutscht ihm vollends in den Nacken. „Na toll!“, schnaubt er.

Auch Lou und ihr Bruder Flo stecken voll in den Vorbereitungen für das erste Treffen. Dieser zieht sich ein überdimensionales T-Shirt über seine dicke Jacke, das ihm bis zu den Knien reicht und auf dessen Brust er wieder ein Wappen gekritzelt hat.

„Wie sieht das denn aus?“, wundert sich Lou und verdreht die Augen. „Was ist das überhaupt für ein Nachthemd?“, fragt sie ihn.

„Sowas haben alle echten Eishockeyspieler an, du Dummi.“, antwortet ihr Bruder frech. „Das T-Shirt ist übrigens von Papa ... der merkt es bestimmt nicht. Der hat doch so viele.“

Und auch für Lion geht es heute endlich los! Am Morgen durfte er das erste Mal wieder in die Schule gehen. Eigentlich war es ja richtig toll gewesen, all seine Freunde wieder zu sehen.

Allerdings störte es ihn schon etwas, dass die meisten noch einen riesigen Abstand zu ihm hielten, aus Angst, sich womöglich doch noch bei ihm anzustecken.

Besonders unangenehm sind ihm aber die vielen roten Flecken, die in seinem Gesicht geblieben sind und die so gar nicht verheilen wollen! Alle starren immerzu nur auf diese roten Male. Können die nicht einfach verschwinden?

So ist er heilfroh, dass er sich heute beim ersten Training hinter dem Visier seines BMX-Fahrradhelms verstecken kann und auch seinen Schlauchschal über das Gesicht ziehen wird.

Wenige Minuten vor dem Treffpunkt zur Eishockey-AG haben sich Oskar, Wilma und alle Freunde auf den Weg gemacht, um pünktlich am Schultor zu erscheinen:

jeder dick eingepackt, mit seinem Helm auf dem Kopf, mit Handschuhen, manche mit Knieschützern und etwas zu trinken in der Tasche.

Weit vor ihnen laufen schon andere Kinder. Da entdeckt Wilma plötzlich ihren Mitschüler Frederik unter ihnen, der samt Eishockeyschläger mit dieser Gruppe davonläuft. Oskar, Lou und die anderen schauen sich verwundert an.

Hinter seinem riesigen Visier bemerkt Lion genervt und mit dumpfer Stimme: „Wieso hat der schon einen Schläger dabei und wir sollen nur mit einem Fahrradhelm kommen? Gibt es etwa eine zweite Gruppe für Fortgeschrittene? Und wir sind nur Anfänger?“

Nachdenklich begeben sie sich alle zum verabredeten Treffpunkt, wo bereits ihre beiden Trainer Sandy und Mo auf sie warten. Von der anderen Gruppe ist nichts mehr zu sehen.

„Da ist ja unser tolles Eishockeyteam!“, freuen sich die beiden, „Und warm angezogen seid ihr auch!“ Sie blicken in die erwartungsvollen Gesichter der Kinder.

Dann zieht Mo seine Teilnehmerliste aus seiner Sporttasche und geht alle Namen durch.

Während er jeden einzelnen aufruft und das jeweilige Kind den Arm hebt, beobachtet Sandy lächelnd die kleine bunte Gruppe:

Oskar, der sich anscheinend ziemlich auf das erste Training freut, auch wenn er trotz cooler Sonnenbrille etwas mulmig unter seinem Helm hervorlugt, ...

neben ihm seine jüngere Schwester Wilma, die voller Vorfreude auf das Eis schon von einem Bein auf das andere tänzelt und strahlt, ...

ebenso Lou, die es offenbar kaum erwarten kann, dass es endlich losgeht, ...

ihr kleiner Bruder Flo, dessen Zahnlücke wahrlich die größte ist, die Sandy jemals gesehen hat und von dessen selbstgemaltem Trikot sie äußerst begeistert ist, ...

Lion, der hinter dem riesigen Visier seines BMX-Fahrradhelms sehr geheimnisvoll und ziemlich lässig daherkommt ...

und schließlich Finn und Nick, die mit leuchtenden Augen auf Mos Trikot und das große aufgedruckte Wappen starren.

Und dann geht es endlich los!

6. Willkommen im Kühlschrank!

„So, alle sind da! Lasst uns am besten gleich losmarschieren!“, erklärt Mo freudig und steckt seine Teilnehmerliste wieder in die Tasche.

Sandy schaut sich um: „Super! Dann folgt uns mal! Seid ihr schon gespannt?“

Eifrig nicken alle Fahrradhelme, ... nur Finns Helm rutscht ihm wieder mal tief ins Gesicht. Er kann kaum noch sehen, wohin er läuft.

„Kommt denn niemand mehr?“, wundert sich Flo, „Sind das schon alle?“ Auch Nick und die anderen denken an den Eishockeyschläger, den sie doch vorhin gesehen haben und sind etwas verdutzt, als Mo zwinkernd antwortet:

„Ja, eure Gruppe ist komplett. Diese AG ist ganz neu an eurer Schule und nicht alle hatten wohl den Mut, sich aufs Eis zu wagen und sich anzumelden. Ihr seid also wahre Helden und Heldinnen.“

Stolz schauen sich Oskar und alle anderen an und folgen ihren beiden Trainern. Auch Finn stolpert ihnen hinterher. Bald darauf erreichen die Eishockeykinder die riesige Eishalle.

„Da wären wir!“, lächelt Mo, als er ihnen die große Eingangstür aufhält, „Hereinspaziert und herzlich willkommen in unserem coolen Kühlschrank!“ Alle lachen und gehen hinein. Dabei rennt Finn fast gegen die Glastür.

Ihr Abenteuer beginnt!

Neugierig durchquert die kleine Gruppe den hellen Eingangsbereich und die Kinder staunen nicht schlecht, als sie nur wenig später an ein Geländer gelangen ... Die gewaltige Aussicht verschlägt ihnen die Sprache:

Unter ihnen, in einer Senke, erstreckt sich ein riesiges Eishockeyfeld, das hinter einer Bande und einer gigantischen Plexiglasscheibe von einer spektakulären Zuschauertribüne umrahmt wird. Dahinter ragen unzählige Reihen bunter Sitze bis zu ihnen hinauf.

Schneeweiß und spiegelglatt strahlt die Eisfläche mit ihren Linien und Markierungen in den Sonnenstrahlen, die durch die Fenster scheinen.

„Wow!“, haucht Lou überwältigt. So viel Eis hat sie noch nie gesehen!

Auch Wilma ist hin und weg und freut sich: „Das ist fast so schön wie bei den Pinguinen im Zoo! Nur viiieeeel größer und glatter!“

Schmunzelnd führen Mo und Sandy ihre Kinder über das Treppenhaus hinunter zum Schlittschuhverleih und den Spinden.

„Hier also bekommt jeder von euch erst einmal ein Paar Schlittschuhe. Wenn ihr euch mit der Größe nicht sicher seid, schaut einfach in eure Schuhe, die ihr gerade anhabt.“ Und schon kippt Oskar um, als er zu schnell unter seinem Schuh nachschaut. Seine Sonnenbrille sitzt schief auf seiner Nase.

„Ich hab 34!“, ruft er aufgeregt von unten. Auf dem Boden sitzend zeigt er mit den Fingern der linken Hand eine Drei und mit seiner rechten eine Vier.

Die anderen haben sich auf die umliegenden Bänke gesetzt und schauen nun ebenfalls in ihre Schuhe. Manche wissen ihre Größe bereits.

„34 ist schon richtig groß", denkt Flo, als er enttäuscht auf seine viel kleineren Schuhe schaut, auf deren Sohle er nach der winzigen 3 nur eine 0 erkennt. Null ist weniger als vier ... so viel hat er in Mathe schon gelernt. Wenn er doch bloß etwas größer wäre! Selbst Wilma ist größer als er!

Doch die hat gerade ganz andere Sorgen: Während die anderen längst ihre Schlittschuhe anprobiert haben und sie nun zubinden, ärgert sie sich, dass sie es immer noch nicht schafft, sich die Schuhe selbst zu binden. Wieso klappt das nicht?! Angestrengt beugt sie sich nach unten und hält die beiden Schnüre ihrer Schlittschuhe in den Händen, die sich wieder und wieder verknoten und verheddern.

„Schau, ich zeig's dir", flüstert ihr Sandy zu, zieht die Schnürsenkel straff und verschlingt sie geschickt zu einem festen Knoten. Wilma strahlt sie dankbar an und ist froh, dass es niemand bemerkt hat. Zuhause will sie das jetzt unbedingt üben!

Dann ziehen alle ihre dicken Handschuhe an und endlich geht es jetzt aufs Eis!

7. Tapsig wie ein Pinguin

Aufgeregt macht sich die kleine Gruppe auf den Weg in Richtung Eisfläche.

„Spielen wir jetzt endlich Eishockey?“, fragt Nick quengelnd, während sich Finn seinen Helm richtet und Lion wackelig über den Gummiboden stakst. Hinter ihnen folgen im Gänsemarsch auch Oskar, Wilma, Flo und Lou.

Als sie am letzten Spind vorbeikommen, öffnet Mo diesen, holt einen vergitterten Helm heraus und setzt ihn Finn auf den Kopf; den viel zu großen Fahrradhelm steckt er in den Spind.

„Ich glaube, der passt dir besser“, erklärt Mo und Finn strahlt begeistert aus dem echten Eishockeyhelm. Nick schaut ihn voller Ehrfurcht von der Seite an und fragt leise: „Darf ich den nachher auch mal kurz aufsetzen? Bitteeeee!“

„Na klar!“, antwortet Finn großzügig.

An der großen Eisfläche angekommen, sind die Kinder überrascht, dass diese schon besetzt ist: Dutzende mächtiger Eishockeyspieler flitzen kreuz und quer über das Eis und laufen sich so vor ihrem Training warm. Vorwärts, rückwärts und seitlich sausen sie an der äußeren Bande des Spielfeldes schwungvoll an den Kindern vorbei, die ihnen mit offenem Mund zuschauen.

„Ist das cool!“, wispert Oskar. Als einer der Spieler vor ihnen abrupt abbremst, spritzen ihnen unzählige kleine Eiskristalle entgegen und landen auf ihren Gesichtern.

„Ihr seid also die neuen kleinen Profis!“, ruft ihnen der junge Mann unter seinem Helm zu. Während die Kinder seine imposante Ausrüstung bestaunen, unterhalten sich ihre beiden Trainer kurz mit ihm und erzählen, dass heute ihr erster Tag auf dem Eis ansteht.

„Na, dann viel Spaß!“, ruft er ihnen zu und schon düst er wieder davon. Oskar schaut ihm beeindruckt nach.

„So, jetzt geht es los! Wie ihr seht, herrscht hier schon reger Betrieb. Deshalb bleiben wir mit unserer AG besser in der kleinen Nebenhalle", erklärt Sandy und läuft voraus. „Kommt mit!" Vor der kleineren Eisfläche angekommen, deutet Mo auf eine Reihe roter Gestelle.

„Das sind kleine Gehhilfen, die euch bei den ersten Schritten auf dem Eis helfen werden. Wer sich schon ohne sie aufs Eis traut, kann auch ohne Hilfe eine Runde drehen. Sandy und ich schauen dabei, wie weit ihr alle so seid."

Wilma und Flo sind die Ersten, die sich eine Hilfe schnappen und sich damit vorsichtig auf das rutschige Eis wagen. Auch die anderen gehen auf Nummer sicher und stützen sich hin und wieder darauf ab, wenn sie ins Straucheln geraten.

„Ich brauch das nicht!“, brummt Oskar, den die Gestelle viel zu sehr an den Rollator seiner Oma erinnern. Das wäre doch viel zu peinlich, wenn ihn die coolen Profis von nebenan damit sehen würden. So schwer kann das ja nicht sein ...

Er schreitet selbstbewusst an die Kante der eisigen Fläche, schubst sich ein letztes Mal von der Gummimatte ab und saust mit Schwung übers Eis. Erstaunt beobachten ihn die Trainer.

Doch nur eine Sekunde später verliert er das Gleichgewicht, rudert wild mit den Armen und plumpst unkontrolliert auf seinen Po. In einer dicken Schneewolke schlittert er geradewegs zwischen die Füße seiner Gruppe, die soeben wieder bei Sandy und Mo angekommen ist. Seine Sonnenbrille landet neben ihm auf dem Eis.

Nick und Finn können sich ein Grinsen nicht verkneifen, ihre Hände jedoch sicher am roten Gestell. Auch die anderen sind froh, sich an ihrer Gehhilfe abstützen zu können, während Oskar nun auf allen Vieren aufzustehen versucht, doch immerzu wieder wegrutscht.

„Warte!“, ruft ihm Sandy zu, „Ich helfe dir!“ Elegant schwebt sie über das Eis und reicht ihm die Hand, an der er sich schwerfällig heraufzieht.

„Wahrscheinlich geht es damit erst einmal besser“, meint nun Mo und schiebt Oskar eine Gehhilfe zu. Der klammert sich mittlerweile wie ein Äffchen an Sandys Arm und kann es nicht fassen, als ihm Mo seine Hilfe hinüberschiebt: Es ist ein Pinguin! Das darf doch nicht wahr sein! So ein Babykram!

„Sorry!“, meint sein Trainer, „Die roten sind schon alle weg.“ Er zuckt mit den Schultern und zeigt auf die Gruppe.

„Du kannst meine rote haben!“, bietet Wilma ihm sofort großzügig einen Tausch an und ihre Augen leuchten.

Während er sich erst mal erleichtert auf seinen Pinguin abstützt, schwingt mit einem Mal die Glastür auf und eine Vereinsgruppe perfekt ausgestatteter Eishockeykinder durchquert die Halle. Einige schauen ihn schmunzelnd an, lachen laut und watscheln wie Pinguine hinaus zur Außenanlage ins Training.

„Auch das noch!“, denkt Oskar mit rotem Kopf. Nach einer gefühlten Ewigkeit erreicht er endlich Wilma, die ihm geschickt ihr rotes Gestell zuschiebt und selig mit dem Pinguin davondüst. Bei ihr klappt das irgendwie schon viel besser! Wie macht sie das nur!?

Doch genau DAS werden sie jetzt gleich von Sandy und Mo lernen ...

8. Die Laufschule

„Wie ihr gemerkt habt, ist es gar nicht so einfach, sich auf dem Eis zu bewegen. Deshalb werden wir euch erst einmal die Grundtechniken beibringen“, erklärt ihnen Sandy.

„So ist es!“, ergänzt Mo, „Um Eishockey spielen zu können, solltet ihr vor allem gut starten und bremsen können und euch auf den schmalen Kufen eurer Schlittschuhe sicher fühlen. Auch das Stürzen wollen wir üben.“

„Und wie lange dauert das?“, fragt Lion ungeduldig. Ihm dauert das Ganze viel zu lange und er beginnt allmählich unter seinem BMX-Helm zu schwitzen.

„Ja!“, meint nun auch Finn, der mit seinem echten Eishockeyhelm natürlich gleich loslegen will, „Wann geht's endlich mal los?“

„Na, ganz einfach!“, lacht Sandy, „Sobald IHR bereit seid! Fangen wir also gleich an und dann können wir demnächst schon spielen!“

Mo stellt sich neben sie, räuspert sich und erklärt: „Wie wir gerade sehen konnten, sind eure Vorkenntnisse ja recht unterschiedlich." Verlegen schaut Oskar bei diesen Worten auf seine Schuhspitzen und schabt zaghaft auf dem Eis.

„Deshalb", fährt Mo nun fort, „fangen wir am besten einmal ganz von vorne an. Stellt euch einfach mal hin, haltet eure Hände auf die Bande und macht einen seitlichen Schritt nach rechts, ... dann wieder nach links ... immer hin und her, ohne wegzurutschen."

Konzentriert machen es ihm die Kinder nach, die sich entlang der Bande vor den beiden Trainern aufgereiht haben. Dabei stößt Flo ständig mit den anderen zusammen, weil er doch links und rechts noch nicht gut auseinanderhalten kann.

Nach einer Weile meint Sandy: „So ist's gut. Diese seitliche Bewegung ist wichtig, um auf dem Eis voranzukommen. Denn hier läuft man nicht wie gewöhnlich mit Straßenschuhen gerade nach vorne, sondern stößt sich etwas seitlich ab."

Die kleine Gruppe schaut ihr zu, wie sie es erst mit Absicht falsch und dann richtig vorführt. So drehen sie kurz darauf vorsichtig im Kreis ihre ersten Runden: jeder noch mit seiner Hilfe, leicht nach vorne gebeugt und mit seitlich gleitenden Schritten.

Sandy und Mo sind sehr zufrieden: „Das klappt wirklich super! Ihr seid ja schon fast so gut wie die Kids, die dort trainieren!" Sandy zeigt auf die vermeintlichen Vereinskinder, die draußen über das Eis flitzen und zwinkert. „Lasst uns also gleich weitermachen!"

Etwas neidisch schielt Oskar nach draußen. Entschlossen nimmt er sich vor, ganz viel zu üben und seinen Eltern die Eishalle für ihren sonntäglichen Familienausflug vorzuschlagen.

Bevor die erste Eishockeystunde zu Ende geht, zeigt ihnen Mo, wie das Bremsen auf dem Eis funktioniert:

„Stellt euch dazu alle an die Bande, haltet euch dort etwas fest und versucht, vorsichtig mit einem Fuß das Eis gleichmäßig nach außen hin abzukratzen und einen Schneehaufen zu bilden.“ Und schon schaben die Kinder mit ihren Kufen das Eis zu kleinen Häufchen.

Zufrieden erklärt Mo weiter: „Wenn ihr nun aus der Fahrt heraus bremsen möchtet, dann beginnt wie eben, mit einem Fuß das Eis nach vorne wegzuschaben und gleichzeitig mit dem anderen Fuß in einen leichten Schneepflug zu gelangen. So werdet ihr langsamer und kommt zum Stehen.“

Als das ebenfalls gut klappt, lernen sie auch schon das schnellere, abrupte Abstoppen kennen.

„*Hockey Stop* heißt es“, ruft ihnen Sandy von ganz hinten zu und führt es vor.

Sie nimmt mit seitlichen Schritten Fahrt auf. Dann stellt sie ihren Körper quer, dass ihre Hüfte nach vorne zeigt und ihr vorderes Bein bremst mit der Innenkante ab. Es schabt wie zuvor auf dem Eis. Auch das andere Bein hilft beim Bremsen und ist unter ihrem Körper. Und mit einem Mal kommt Sandy zum Stehen. „Probiert es mal aus!“, ruft sie ihnen zu.

„Wow!“, staunen Finn und Nick begeistert, „So hat das der Profi vorhin auch gemacht!“

Ihre Trainer zwinkern: „Ganz genau! Und ihr schafft das auch irgendwann!“

So schallt ein lautes Kratzen und Schaben durch die kleine Eishalle, während die Kinder der AG das Anfahren und Abbremsen üben. Dann ist die erste Eishockeystunde leider schon zu Ende und die Trainer begleiten ihre Gruppe wieder zur Schule zurück.

„Wie schade!“, seufzt Oskar auf dem Weg, „Ich hätte noch ewig weitermachen können!“

Und auch Lou, Flo, Lion, Finn, Nick und seine kleine Schwester Wilma können die nächste Stunde kaum erwarten, um wieder aufs Eis zu gehen und Spaß zu haben.

9. Unter Beobachtung

Die Wochen vergehen und die AG-Gruppe der Eishockeykinder macht große Fortschritte. Mittlerweile sausen Oskar, Wilma, Lou und all die anderen Freunde schon recht sicher über die Eisfläche und besonders das scharfe Abbremsen im *Hockey Stop* macht ihnen riesigen Spaß.

Ebenso klappt auch schon das Rückwärtslaufen, das zuerst gar nicht so einfach war. Viel zu oft stieß sich Oskar am Anfang dabei zu sehr seitlich ab oder drehte die Hüfte und schlitterte schließlich in großen Schlangenlinien rückwärts über das Eis.

Als sie heute mit ihren beiden Trainern in ihre Eishalle kommen, stehen diesmal zwei kleine Tore auf der Eisfläche. Flo freut sich, dass sie sogar noch niedriger sind, als er selbst.

Finn strahlt übers ganze Gesicht: „Spielen wir heute etwa endlich richtig Eishockey?“

„So ist es!“, antworten Mo und Sandy, „Ihr habt so fleißig Schlittschuhlaufen gelernt und nach den Stunden schon immer mal mit einem

Eishockeyschläger über das Eis laufen dürfen ... Heute geht es für euch richtig los!"

Die Kinder jubeln und hüpfen vor lauter Freude von einem Bein auf das andere. Selbst das können sie nun schon auf dem Eis.

Währenddessen holt Mo hinter der Bande die Schläger. Mit vollen Armen kehrt er zurück und gibt jedem Kind einen Eishockeyschläger in die Hand. Dabei stellt er diesen mit der Kelle auf das Eis und achtet auf die richtige Größe:

„Seht ihr, wenn ihr Schlittschuhe anhabt, dann sollte euch euer Schläger etwa zwischen Kinn und Nase reichen. Darunter wäre er zu kurz und darüber zu lang."

„Wie ein L sieht der aus!“, bemerkt Flo, der inzwischen schon fast alle Buchstaben kennt und hält seinen Schläger hoch. „L wie Los!“, ruft er und dreht schnell eine kleine Runde auf dem Eis.

Mo verteilt den letzten Schläger und nickt: „Ja, ein Eishockeyschläger ist von der Kelle über den Schaft bis zum Ende etwa L-förmig. Dann gibt es auch noch verschiedene Krümmungen der Kelle, je nachdem, ob man lieber die rechte oder die linke Hand oben am Schläger hält.“

Sogleich schauen alle Kinder auf ihre Schläger.

„Ich seh nichts!“, erklärt Lou verwundert.

Und Sandy bestätigt: „Eure Schläger sind ja auch ganz gerade. So könnt ihr erst einmal ausprobieren, welche Hand ihr beim Spielen oben und welche unten habt. Die obere Hand hält den Schläger fest und führt ihn. Die untere Hand ist etwa eine halbe Armlänge von der oberen entfernt. Versucht es mal. Hier hat jeder einen Puck.“

Sie leert ihre Sporttasche und unzählige schwarze Gummischeiben purzeln vor ihre Füße. Vor einem kleinen Tor hat Mo bunte Hütchen auf dem Eis verteilt. Um diese sollen die Kinder ihren Puck nun führen und dann ins Tor spielen.

Oskar, Wilma, Lou und Flo haben so viel Spaß bei dieser Slalomübung und bemerken dabei gar nicht, dass sie beobachtet werden.

Erst als Lion mit einem Kopfnicken nach draußen zeigt, bemerken es auch Finn und Nick: Zwei Eishockeyhelme ducken sich blitzschnell, die eben noch von der Außenanlage zu ihnen rüber gelinst haben.

★

„Diese Angeber!“, zischt Lion, „Die stehen schon die ganze Zeit da und glotzen rein!“

„Ach, lass sie doch!“, entgegnet Lou, „So schlecht sind wir gar nicht mehr. Wir brauchen uns nicht zu verstecken. Lass sie nur glotzen.“

Dann, in der Pause, gehen Sandy und Mo kurz zum Spind und schon huscht die fremde Eishockeygruppe einfach rein.

„Auch das noch!“, denkt Oskar, als er an sich herab sieht: Während die Vereinskinder in ihrer kompletten Eishockeyausrüstung stecken, die zugegebenermaßen echt cool aussieht, laufen sie selbst noch mit ihren Fahrradhelmen in Schneeanzügen übers Eis. Na klasse!

Die zwei Jungs, die sie zuvor beobachtet hatten, bauen sich vor ihren Freunden auf und die AG-Kinder versuchen ihnen ebenso stolz entgegenzutreten: Lion als Erster vorneweg, der trägt ja immerhin einen echten Eishockeyhelm. Oskar setzt wenigstens die Sonnenbrille auf.

„Hi Jungs!", grüßt er die Ankömmlinge und bemerkt sogleich das empörte Schnauben unter einigen Helmen, aus denen dicke geflochtene Zöpfe oder unzählige Locken herausquellen.

Wilma und Lou grinsen sich an. Mädchen und Jungen scheinen also nicht nur in ihrer AG, sondern auch im Verein zusammen zu spielen. Unauffällig winken sie den Mädchen zu.

„Hi!", grüßen nun auch die anderen zurück , „Könnt ihr jetzt endlich Eishockey spielen?", fragen die beiden Anführer.

Oskar ist außer sich! Was für eine blöde und freche Frage! Leider haben Sandy und Mo sie gar nicht gehört, denn die beiden klappern nun laut mit den Schlägern, während sie diese und die vielen Pucks wieder aufräumen.

„Klar können wir Eishockey spielen! Und wie!", zischt er zurück und schluckt, denn das war ganz schön übertrieben. Doch das interessiert die beiden anderen und ihre Gruppe nicht, die prompt antworten:

„Na, dann lasst mal sehen, was ihr wirklich könnt! In vier Wochen machen wir ein Match! Dann sind wir wieder hier und warten auf euch. Tschau!"

Und schon macht sich die Eishockeygruppe wieder auf den Weg nach draußen.

„Oh Mann, da hast du uns ja ganz schön was eingebrockt!", stöhnt Lion, als sie weg sind.

„Wie sollen wir denn gegen DIE antreten!? Das schaffen wir niiieee! Da haben wir keine Chance!", piepst Wilma vor lauter Aufregung.

Als Oskar die ängstlichen Blicke seiner Freunde auf sich gerichtet spürt, ist er sich sicher:

Ihm muss unbedingt etwas einfallen!

10. Keine Lösung in Sicht

In der Nacht kann Oskar kaum schlafen und muss immerzu an das unglückselige Match denken, das sie ihm zu verdanken haben.

Hätte er sich doch nur nicht so schnell auf die Palme bringen lassen! Selbst Frau Otto sagt immer: „Erst denken, dann reden!"

Auch seine Freunde sind am nächsten Tag in der Schule noch ziemlich ratlos, als sie sich in der Pause auf dem Schulhof treffen.

Lion zetert laut: „Wir haben drei richtig fette Probleme! Also erstens ... kennen wir keine Eishockeyregeln, zweitens ... treffen wir das Tor überhaupt noch nicht und drittens ... haben wir gar keinen Namen für unser Team!"

Finger für Finger zählt er Oskar ihre Situation auf.

Da hören sie hinter sich plötzlich ein lautes Geschrei, als ihre Mitschüler Lena, Max und Lars aus einem Gebüsch stürmen und laut rufen: „Wir sind die Hockey-Kids! Jetzt geht's los!"

Wilma schaut ihnen nachdenklich hinterher. „Hockey-Kids" nennen die sich also. Und auch ihr Schlachtruf klingt eigentlich gar nicht so schlecht. Sie wirbelt herum und hält Oskar nun vier kleine Finger unter die Nase: „Und viertens haben wir auch keinen Schlachtruf!"

Oskar schnauft mit hängenden Schultern: Das sind wirklich zu viele Probleme auf einmal! Und als er an die Mathearbeit denkt, die sie gleich zurück bekommen werden, sinkt seine Stimmung auf den Nullpunkt.

Wenn er doch bloß weiter wüsste! Ihre Trainer Sandy und Mo möchte er auf keinen Fall um Rat fragen. Bestimmt würden sie sich über seinen Hochmut ärgern. Mittlerweile hat er ja selbst begriffen, dass das Match keine gute Idee war.

Doch seine Erkenntnis kommt nun mal zu spät und ihm muss schleunigst etwas einfallen.

Der Tag und die restliche Woche vergehen nur langsam und alle Kinder können ihre nächste AG-Stunde in der Eishalle kaum erwarten, in der sie hoffentlich eine Lösung finden werden.

Dann - endlich - ist es wieder soweit! Warm eingepackt in ihren Schneeanzügen folgen Oskar, Wilma und all die anderen in der nächsten Woche ihren Trainern zur Eishalle.

„Können wir hier mal kurz zugucken und ihr erklärt uns ein paar Eishockeyregeln?“, fragt Oskar, als sie bei den Profis vorbeikommen.

„Na klar!“, freut sich Mo etwas überrascht. „Aber nur das Wichtigste, denn schließlich sollt ihr ja gleich selbst aufs Eis!“

„Das Nötigste reicht schon, mehr brauchen wir nicht“, antwortet Oskar erleichtert und auch die anderen sind begeistert. Leise flüstert Lou:

„Tolle Idee! Da wäre unser erstes Problem ja schon mal gelöst.“ Sie klopft ihm anerkennend auf die Schulter.

Dann hören sie ganz aufmerksam zu, als ihnen Mo und Sandy das rasante Eishockeyspiel erklären, das vor ihren Augen gerade beginnt:

„Seht ihr, gleich beginnt das Match. Der Schiedsrichter in der Mitte des Spielfeldes wird den Puck gleich aufs Eis werfen. Dann werden beide Stürmer versuchen, ihn zu erobern und mit ihrem Team ins gegnerische Tor zu spielen. Das Ganze nennt man *Bully*. Ach, ... und Eigentore gibt es hier übrigens nicht."

„Und was sind das alles für Linien, Kreise und Punkte auf dem Eis?", fragt Wilma verwirrt. Da reicht ihr Sandy eine kleine Plastiktafel, auf der genau die gleichen Markierungen wie vor ihnen auf dem Eis abgebildet sind:

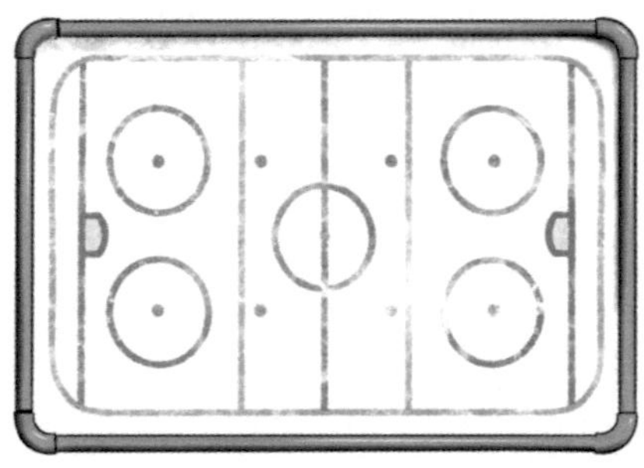

„Hier, das ist das Spielfeld. In der Mitte ist die rote Mittellinie. Die beiden blauen Linien teilen das Feld in drei große Flächen ein. So befindet sich jede Mannschaft an ihrem eigenen Tor im Verteidigungsdrittel und am gegnerischen Tor im Angriffsdrittel.

In der Mitte, dort, wo gerade angespielt wird, ist die neutrale Zone. Die Punkte und Kreise sind für Einwürfe und den Anstoß, also für Bullys, wie ihr es gerade gesehen habt. Wenn du möchtest, kannst du dir die Tafel gerne ausleihen."

Begeistert schaut Wilma auf die bunte Tafel. Die kann ihnen bestimmt weiterhelfen!

Doch Lou interessiert sich viel mehr für das Geschehen auf dem Eis und fragt:

„Und wie macht man Tore? Ich meine, beim Fußball gibt's Abseits und Strafstöße."

„Abseits gibt's beim Eishockey auch und an den Punkten wird nach Unterbrechungen wie gesagt mit einem Bully wieder neu angespielt.", erklärt Mo weiter, „Sogar hinter dem Tor kann gespielt werden. Aber bis ihr einmal soweit seid und euer erstes Match irgendwann ansteht, habt ihr ja noch sehr lange Zeit und müsst viel üben!"

„Von wegen!", denkt Oskar und sieht seine Freunde an. Nur noch drei kurze Wochen und sie stecken mitten im Schlamassel!

11. Träume

Etwas später stehen die Freunde wieder selbst auf dem Eis. In ihrer kleinen Nebenhalle baut Mo einige Übungsstationen auf.

„Unsere Eisfläche hier ist übrigens fast nur halb so groß wie die große der Profis. So ein Feld nennt man bei uns auch Kleinfeld. Darauf tragen Kinder in eurem Alter ihre Spiele aus."

Erleichtert schaut sich Wilma die Länge des Spielfeldes an, die zum Glück deutlich kürzer ist. Um ein Tor zu schießen, müssen sie auf ihren Schlittschuhen also nicht allzu weit laufen.

Lou dagegen stört sich am winzigen Tor, das zum Verteidigen bestimmt gut ist, aber beim Toreschießen garantiert schwer zu treffen ist.

Wie sollen sie das in der kurzen Zeit nur schaffen!? Wenn sie doch bloß mehr üben und sich eine glänzende Taktik überlegen könnten!

So fragt Lou scheinheilig: „Wie viele Spieler stehen bei einem Match eigentlich auf dem Eis? Auch elf, wie beim Fußball?" Dann hätten sie noch ein weiteres Problem, denn so viele sind sie nicht. Und wenn sie gegen die anderen antreten, sollten sie sich zumindest in der richtigen Anzahl aufs Eis wagen, um sich nicht zu blamieren.

„Nein, nur etwa die Hälfte“, antwortet Sandy und verteilt Slalomhütchen auf dem Eis. Lou atmet erleichtert auf und die Trainerin erklärt weiter: „Bei den Erwachsenen sind es fünf Feldspieler und ein Torwart und bei Kindern meist vier Feldspieler und ein Torwart … oder eine Torwartin.“ Sie zwinkert Lou und Wilma zu.

Letztere findet die Idee eigentlich gar nicht so schlecht. Als Torwartin müsste sie weniger über das ganze Eis laufen und sie würde einfach nur ein bisschen aufpassen, dass sie den Puck nicht in ihr Tor lässt. Schon träumt sie vor sich hin.

Als das letzte Slalomhütchen auf seinem Platz steht, beginnt schließlich das Training.

„Stellt euch immer zu zweit gegenüber und passt euch den Puck durch die Hütchen zu, bis ihr am Ende am Tor ankommt. Der oder die Letzte darf dann den Torschuss ausführen“, stellt Sandy die erste Aufgabe vor.

Und so gleitet ein Puck nach dem anderen durch die bunten Hütchen hindurch und landet anschließend im Tor ... oder auch mal daneben.

Immer wieder stellen sich die Kinder erneut hinten an und beginnen von vorne.

So auch in der nächsten Übung, in der jeder seinen Puck alleine um jedes Hütchen führt und mit einem Torschuss ins Tor spielt.

Oskar ist sehr zufrieden, denn sein Puck landet jedes Mal im Tor und lässt ihn ein klein wenig sogar von einem Sieg in ihrem bald anstehenden Match träumen. Doch leider bringt ihn Mo schnell wieder in die Wirklichkeit zurück:

„Das klappt ja schon ganz prima! Bedenkt aber, dass euch der Gegner in einem richtigen Spiel auf Schritt und Tritt verfolgt und euch den Weg immerzu versperrt. So einfach wie eben wird das also natürlich nicht.“

Ertappt schaut Oskar nach unten und schabt etwas Eis hin und her. Oh Mann! Ob Mo Gedanken lesen kann? Dann sollte er schleunigst an etwas anderes denken, statt zu träumen!

Dennoch lassen sich seine Freunde nicht die Freude nehmen. Sie alle haben heute fleißig geübt und ordentlich gespielt. Wenn sie in den nächsten Wochen so weiter trainieren, könnten sie im Match gegen das Angeberteam wenigstens ganz gut standhalten.

Doch unglücklicherweise beginnt schon der nächste Schultag mit schlechten Nachrichten: Die riesige Eismaschine, die in der Eishalle für das viele glatte Eis sorgt, ist plötzlich defekt und das AG-Training der Kinder muss leider bis auf Weiteres ausfallen.

12. Die Eishockey-Kids

Niedergeschlagen sitzen alle am nächsten Schultag in der Pause zusammen.

„Wie sollen wir denn jetzt für unser Match üben, wenn die Eishalle zu bleibt?“, jammert Oskar verzweifelt.

„Vielleicht hilft uns ja diese Taktiktafel ein bisschen weiter, die Wilma von Sandy bekommen hat“, meint Lou.

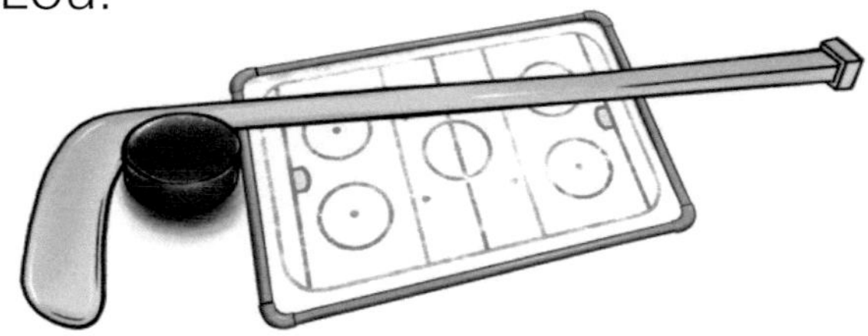

Oskar schüttelt den Kopf: „Ach, damit können wir uns höchstens ein paar Spielzüge überlegen. Was wir brauchen, ist richtige Übung, damit wir das Tor treffen und den Gegnern ausweichen, Spielpraxis eben!“ Das Wort kennt er von seinem Vater. Das klingt wichtig.

Flo denkt nach: „Also ich hab mal gehört, dass Eishockeyspieler auch im Sommer trainieren und zwar sogar ganz ohne Eis.“

„Quatsch, das gibt's doch gar nicht! Wie soll das denn gehen!?", wundert sich Wilma. Auch Lion und die anderen schütteln nur die Köpfe.

„Doch, das gibt es wirklich!", widerspricht Lou, „Und wisst ihr was? Ich glaube, ich hab gerade eine super Lösung gefunden!"

Sie zieht ihre Freunde ganz eng zu sich und erzählt ihnen von ihrem grandiosen Einfall:

„Eishockeyspieler trainieren im Sommer oft auf Rollschuhen, ... auf Inlinern", Lou hält kurz inne. „Fällt euch dazu denn nichts ein?", fragt sie.

„Nee ...", erklärt Finn, „Keine Ahnung, worauf du hinauswillst! Aber Inliner hab ich!"

„Ich auch!", rufen Lion, Nick und dann auch alle anderen. Fragend schauen sie Lou an.

„Na, das ist doch klar! Wir fragen einfach die Inliner-AG unserer Schule, ob wir in den nächsten Wochen mitmachen und ganz nebenbei für unser Match üben können!"

Ein ohrenbetäubender Jubel folgt und alle sind begeistert. Was für eine tolle Idee!

„Jetzt brauchen wir nur noch einen Namen und einen richtig guten Schlachtruf für uns!“, überlegt Flo, „Dann sind unsere Probleme alle gelöst!“

Wilma denkt über den Schlachtruf nach, den sie letztens auf dem Schulhof gehört hatten: „Wie wär's vielleicht damit ...“ , überlegt sie, ... „EISHOCKEY-KIDS, das sind WIR!“

„Klingt irgendwie zu einfach“, findet Lion, „Können wir nicht was viel Angsteinflößenderes nehmen?“

„Ja, irgendwas richtig Cooles mit Dinos, oder Raubtieren!“, ergänzt Finn.

„Ach, Dinos sind doch alle längst tot!“, entgegnet Wilma, „Und Raubkatzen? Ich weiß nicht. Hast du schon mal eine auf dem Eis gesehen? Die meisten leben doch im Warmen wie in Afrika und da gibt's kein Eis!“

Stolz über ihr Wissen aus den vielen Zoobesuchen verschränkt sie die Arme.

Irgendwie hat seine Schwester ja schon recht, überlegt Oskar. Obwohl so ein lautes Löwengebrüll als Schlachtruf echt toll wäre!

Doch die Zeit drängt und bevor Wilma auch noch auf die Idee kommt, ihre kleinen niedlichen Pinguine für ihren Teamnamen vorzuschlagen, erklärt er:

„Also ... ich finde Wilmas Vorschlag ganz gut. So weiß jeder, was wir machen, wer wir sind und ein bisschen Cooles ist mit dem englischen 'Kids' ja auch dabei."

Die Sache ist also beschlossen und so sind es nun sie, die diesmal bei den anderen Kindern für Verwirrung sorgen, indem sie laut über den Schulhof stürmen und rufen:

„EISHOCKEY-KIDS, das sind WIR!"

Zuhause angekommen, bemalt sich jeder gleich wie besprochen ein großes T-Shirt als „Trikot" mit ihrem Teamnamen.

Die EISHOCKEY Kids
Die EISHOCKEY Kids

13. Training auf trockenem Eis

Die Leiter der Inliner-AG sind begeistert über ihre zeitweiligen Besucher der Eishockey-AG.

So stehen Oskar, Wilma, Flo und Lou mit ihrer Gruppe einige Tage später auf dem Platz der Inliner-AG. In ihren nagelneuen „Trikots“ und ausgerüstet mit Helm, Ellbogen-, Hand- und Knieschonern schauen sie den anderen neugierig zu, wie sie ihre Runden drehen.

„Das ist wirklich fast so wie Eislaufen!“, findet Flo, „Aber das Bremsen ist anders!“ Er zeigt auf einen Jungen, der direkt vor ihnen zum Stehen kommt. Dabei hebt er eine vordere Fußspitze an und bremst mit dem kleinen Bremsklotz hinter der letzten Rolle. „Seht ihr?!“

Der Junge kommt zu ihnen und begrüßt sie: „Hi! Ihr seid also die *Eishockey-Kids*! Wow, eure Trikots sind ja cool! Kommt, lauft gleich ein paar Runden mit!“ Und schon saust er wieder davon.

Das lassen sich Oskar, Wilma und ihre Gruppe nicht zweimal sagen. Vorsichtig betreten auch sie die asphaltierte Fläche und laufen, ähnlich wie auf dem Eis, mit den anderen Kindern im Kreis; erst vorsichtig, dann immer schneller.

„Schade, dass man hier beim Bremsen nicht mit Eis spritzt!“, findet Wilma. Die vielen kleinen Eiskristalle mag sie ganz besonders gerne. Dann fährt sie einen großen Bogen und bremst durch das Drehen ab.

Plötzlich rufen die beiden AG-Leiter ihre Gruppe zu sich in die Mitte. Und als sich alle im Kreis um sie herum versammelt haben, erklären sie:

„Wir haben die nächsten zwei Male die Kinder der Eishockey-AG zu Gast. Das ist eine ganz wunderbare Gelegenheit, um mit euch allen auch einmal Inlinehockey auszuprobieren.“

Voller Vorfreude hat Oskar bereits die vielen Schläger entdeckt, die hinter ihnen auf einem dicken Haufen gestapelt liegen und ihren Eishockeyschlägern sehr ähnlich sehen.

Auch der Puck kommt ihm sehr bekannt vor, nur dass dieser hier auf jeder flachen Seite noch einige kleinere Knubbel hat.

„Bestimmt, damit er auf dem harten Boden besser gleiten kann“, denkt Oskar.

Schließlich hat sich jeder einen Schläger und einen Puck ausgesucht und führt ihn im Slalom um die bunten Hütchen, die die beiden Trainer auf dem Boden verteilt haben. Und dann endlich, nach einigen weiteren Übungen, beginnen sie ein kleines Match auf ihrem angedeuteten Spielfeld.

„Wir machen das mal wie im richtigen Spiel!“, erklären die Leiter das Eröffnungsbully. Lion und ein anderes Kind stellen sie dabei in die Spielfeldmitte, auf die sie mit Kreide einen kleinen Punkt gezeichnet haben. Auch die beiden Tore sind mit Kreidestrichen nur aufgemalt.

Die Schläger der beiden Kinder berühren den Boden und erst als der Puck zwischen ihnen auf den Mittelpunkt eingeworfen wird, dürfen sie mit ihnen um ihn kämpfen.

Lion, der das Ganze ja vom Eis bereits gut kennt, ergattert ihn als Erstes und spielt ihn an Oskar weiter, der schon näher am gegnerischen Tor steht.

Gekonnt stoppt ihn dieser mit seinem Schläger und befördert ihn ins Kreidetor. Wilma, die ihr eigenes Tor bewacht, jubelt laut. Und auch Lou und Flo rufen: „Super, Oskar!“

Ihr kleines Inlinehockey-Spiel wird immer rasanter, denn auch die anderen kommen rasch besser mit ihrem Schläger und dem Puck zurecht.

Alle haben so großen Spaß, dass sie nicht bemerken, wie schnell die Zeit vergeht. Vor allem die Eishockey-Kids waren so voller Freude, dass ihnen nicht aufgefallen ist, dass sie heute zum allerersten Mal einem echten Gegner ausweichen mussten und gelernt haben, ihn zu umspielen.

Doch ... ob das reichen wird, um gegen die Angeber in der Eishalle anzutreten?

Die
EISHOCKEY-
Kids

14. Das finale Match

In der nächsten Woche üben die Eishockey-Kids mit der Inliner-AG erneut, wie sie ihren Gegnern geschickt ausweichen und vor allem wie sie das Tor treffen. Dass dieses wieder nur aufgemalt ist, stört sie dabei nicht.

Auf Sandys Plastiktafel haben Oskar und Wilma zuhause außerdem mit bunten Strichen aufgezeichnet, wie sie im Match besonders schlau spielen könnten. Wilma hat ein großes W ins Tor gezeichnet, denn da will sie unbedingt rein.

Auch wenn sie sich gut vorbereitet haben und einen Namen und Schlachtruf gefunden haben: Ihr dickstes Problem steht ihnen dennoch bevor ... das Match gegen die Angeber!

Dann, nach einer viel zu langen Zeit, ist es schließlich soweit: Die große Eismaschine ist repariert und die Eishockey-AG kann wieder stattfinden.

Auf dem Weg zu ihrem Treffpunkt vor der Schule schielt Oskar nochmals auf die Taktiktafel in seiner Sporttasche und seufzt.

Hätten sie die vielen Striche doch bloß nicht mit Papas Lackstiften aufgezeichnet, die sich nicht wegwischen lassen! Die ersten Linien zu seinem überlegten Angriff waren anfangs ja noch ganz gut zu erkennen, doch je mehr er sich mit Wilma in die Haare bekommen hatte, weil sie eine „supertolle Idee" hatte und unbedingt noch einen Pinguin aufs Spielfeld malen musste, desto größer wurde das heillose Durcheinander der wilden Kritzeleien.

„Oje!", stöhnt Lou, als sie nun unbemerkt einen Blick darauf wirft. Oskar zuckt zusammen. „Das sieht ja nach einem ganz heftigen und üblen Angriffssturm aus, den du dir da überlegt hast! Meinst du wirklich, dass wir das schaffen?"

Oskar bleibt verdutzt stehen und auch die anderen schauen neugierig auf die Taktiktafel. Wie gut, dass anscheinend niemand bemerkt, dass er selbst den Durchblick verloren und eigentlich keinen blassen Schimmer hat, wie sie im Match vorgehen sollen ...

„Ach!", meint er und winkt ab, „Das sieht schlimmer aus, als es ist!" Er schaut kurz auf das Knäuel und erklärt: „Am besten, wir zeigen denen gleich, mit wem sie es zu tun haben und fangen direkt alle zusammen mit einem Angriff an, den sie garantiert nicht vergessen werden!"

„Also eine Viererkette im Sturm, ganz ohne Abwehr? Geht das?", fragt Flo ungläubig.

„Wow!", staunt Lion und pfeift anerkennend durch die Zähne, „Sowas hast du dir ganz alleine einfallen lassen? Das ist ja krass!"

Wilma lässt sich die Anerkennung natürlich nicht nehmen und ergänzt stolz : „Naja, alleine hat er das nicht gemacht, ist doch klar! ICH hab ihm geholfen! Seht ihr, hier im Tor steht mein W ... für W-i-l-m-a!“

Beeindruckt und etwas mutiger laufen die Eishockey-Kids zu ihren beiden Trainern und gemeinsam gelangen sie kurz darauf in die Eissporthalle.

„Nanu!? Ihr scheint verabredet zu sein“, wundern sich Sandy und Mo. Auf ihrer kleinen Eisfläche stehen bereits ihre unheilvollen Gegner.

„Ach, das hatten wir ganz vergessen, euch zu erzählen“, erklärt Oskar leise. „Mit denen wollten wir nur mal ein bisschen zusammen spielen.“

„Wie schön!“, freut sich Sandy, “Wisst ihr was, dann spielt schon mal ein wenig, während Mo und ich vorne im Büro noch etwas klären müssen. Das passt gut. Macht aber keinen Quatsch!“ Scheinheilig schütteln die Kinder ihre Köpfe. Und schon laufen die beiden Trainer nichts ahnend und schnellen Schrittes davon. Oskar schluckt. Jetzt gibt es kein Zurück mehr!

Lou erkennt sein Zögern und schnappt sich alle Freunde. Zu den anderen ruft sie hinüber: „Teambesprechung! Ihr versteht schon!"

Mit einem Achselzucken warten die Kinder auf der Eisfläche und Lou schwört ihr kleines Team ein:

„Wilma, du bleibst im Tor, wenn du das immer noch willst. Lion, gib ihr am besten deinen vergitterten Eishockeyhelm. Den kann sie gut gebrauchen."

Missmutig tauscht Lion seinen Helm mit Wilma und ist nur froh, dass ihr Fahrradhelm nicht auch noch rosa ist. Dann lauschen alle ihrer selbst ernannten Teamchefin.

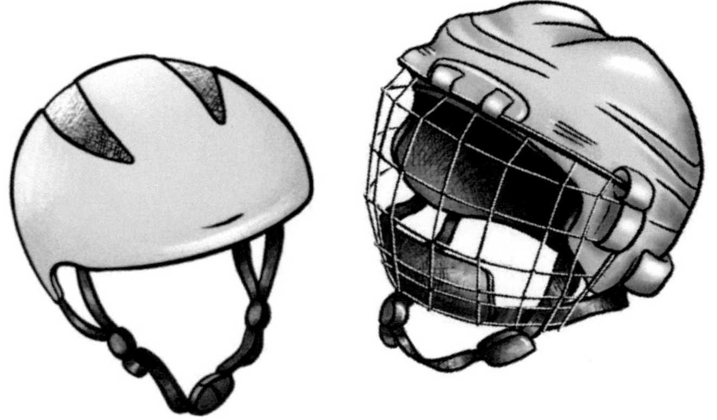

„Lasst uns das jetzt einfach hinter uns bringen. Sobald wir aufs Eis gehen, setzen wir sofort zum Angriff an. Oskar, du versuchst mit Lion für einige Treffer zu sorgen. Wilma, du bewachst unser Tor und Flo und ich helfen im Angriff."

„Und was ist mit uns beiden? Mit Nick und mir?", fragt Finn empört. „Sollen wir etwa auf der Ersatzbank versauern?"

Nick schweigt, denn eigentlich ist er gar nicht so wild darauf, sich gleich ins Getümmel zu stürzen.

„Ach, das ist schon in Ordnung!", erklärt er dann übertrieben, „Es dürfen ja insgesamt sowieso nur fünf Spieler auf dem Eis stehen. So sind eben die Eishockeyregeln." Er zuckt verständnisvoll, aber auch ziemlich erleichtert mit den Schultern.

Lou nickt: „In Ordnung. Los geht's! Kommt!"

Gekonnt hüpfen Oskar, Wilma, Flo, Lou und Lion aufs Eis. Nick und Finn setzen sich hinter die Bande.

„Kann's jetzt endlich losgehen?", werden sie bereits nörgelnd von den Angebern erwartet.

„Na klar!“, ruft ihnen Lou mutig entgegen, „Sobald eure Ersatzspieler vom Eis gegangen sind! Ihr seid ja viel zu viele!“

Verwundert schauen sich die Angeber an und beginnen nachzuzählen, wie viele Spieler denn auf der Gegenseite stehen. Stinksauer verlassen kurz darauf sechs von ihnen die Eisfläche und zurück bleiben fünf äußerst verunsicherte Spieler.

Oskar beschleicht ein erster leiser Verdacht: Wissen ihre Gegner tatsächlich, was zu tun ist und wie man Eishockey spielt? Auch ihre coole Ausrüstung kommt ihm mit einem Mal ziemlich eigenartig und zusammengewürfelt vor ...

Seine kleine Vorahnung bekräftigt sich, als einer der Gegner zu ihm rüber ruft:

„Nun macht schon! Schiebt mal den Puck rüber! Wir sind Gast ... Wir haben Anstoß!“

Wilma kann es nicht fassen. „Sind die blöd!“, spricht sie zu sich selbst. Zu den anderen ruft sie hinüber: „Eishockey beginnt doch mit einem Buuuullliiiiiiiie! Sagt bloß, ihr wisst das nicht!?“

Auf der anderen Seite herrscht betretenes Schweigen.

Und nachdem Finn nochmal kurz zu ihnen auf das Eis gehüpft ist und als „Schiri“ das Bully übernommen hat, geht es auch schon los!

Nick, der stets seine Trillerpfeife in seiner Hosentasche hat, pustet mit aller Kraft hinein und ein ohrenbetäubender Pfiff schrillt durch die gesamte Halle. Ein Anpfiff kann schließlich nicht schaden.

Finn kann gerade noch von der Eisfläche hinter die Bande springen, da greift sein Team auch schon an und überrumpelt den Gegner mit lautem Gebrüll:

„EISHOCKEY-KIDS ... das sind WIR!“

Wie versteinert und völlig überrascht stehen die anderen auf dem Eis herum, doch Oskar und seine Freunde haben in der Inliner-AG gut geübt und umfahren geschickt die erstarrten Spieler.

Nach nur einer Minute versenkt Lou den Puck schließlich im gegnerischen Tor und es steht Eins zu Null für die Eishockey-Kids.

Nick und Finn jubeln laut von ihrer „Zuschauertribüne“ aus. Ihre fiesen Gegner aber sind außer sich und fluchen wütend.

„Los! Attacke!“, beginnen sie einfach einen Gegenangriff, ohne auf den Einwurf zu warten. Wild schlitternd laufen sie an. Dabei übersehen sie allerdings Flo, der ihnen blitzschnell in die Quere kommt und den Puck zurückerobert.

Mit lautem Eiskratzen wendet er, spielt den Puck fest zum gegnerischen Tor und eilt ihm hinterher. Unter seinen Kufen spritzen die Eiskristalle nur so in die Höhe.

Doch sein Einsatz ist vergeblich: Kurz vor dem Tor wird die kleine schwarze Scheibe von einem Gegenspieler gestoppt.

Flo versucht noch in allerletzter Sekunde zu bremsen, aber er verliert das Gleichgewicht. Unkontrolliert schlittert er übers Eis und kracht an die Bande. Das kleine Türchen springt auf und er rutscht geradewegs in die vielen roten Gehhilfen. Ein lautes Poltern schallt durch die gesamte Eishalle.

Hoffentlich haben Mo und Sandy nichts gehört!

Noch immer haben die Widersacher den Puck und bewegen sich schnurstracks auf Wilmas Tor zu. In kleinen aufgeregten Schritten tippelt sie von links nach rechts, nimmt ihren ganzen Mut zusammen und schreit: „Abwehr! SOFORT!“

Flo, der noch immer eingeklemmt zwischen den Gehhilfen steckt, sieht, wie sich plötzlich eine davon löst und wie von Zauberhand direkt auf Wilmas Tor zudriftet ... Es ist der Pinguin!

Hatte Wilma nicht einen Pinguin auf die Taktiktafel gezeichnet? Als ob sie geahnt hätte, dass er ihnen helfen würde!

Flo schüttelt den Kopf. Und bevor er etwas sagen kann, berührt der herrenlose Pinguin auch schon den Puck, lenkt ihn kurz ab und lässt ihn nur haarscharf an Wilmas Tor vorbeigleiten.

Wieder jubeln Oskar und sein Team, denn ihre Eins zu Null-Führung bleibt bestehen.

„Jetzt pfeif doch, Schiri!" Wütend versammeln sich die Gegner und fordern Wiederholung, weil doch dieses „Tier" ihren garantierten Treffer verhindert hat.

Dazu kommt es jedoch nicht mehr, denn Finn hat Mo und Sandy entdeckt, die mit großen Schritten zu ihnen zurückkehren und fast schon an der Tür zur Halle angelangt sind.

Schnell nimmt er wieder seine Trillerpfeife in den Mund und pfeift das Match ab. Abermals tönt der Pfiff schrill durch die Halle. Wäre zu blöd, wenn die beiden Trainer mitbekommen würden, welch heftiges Match sie sich hier gerade ohne richtige Ausrüstung geliefert haben. Das würde ihnen bestimmt nicht gefallen und womöglich dürften sie dann alle nicht mehr zur AG kommen.

„Das Spiel ist aus!", ruft er also hektisch und schon schwingt die Tür auf und Sandy und Mo treten zu ihnen in die Eishalle.

„Na, habt ihr schön gespielt?", wollen sie wissen. Eifrig nicken ihre AG-Kinder, doch die anderen scheinen nicht ganz so zufrieden.

„Euch müssen wir nun leider nach draußen bitten, erklären die Trainer dem gegnerischen Team, „Unsere restliche Trainingsstunde beginnt jetzt." Aufgebracht machen sich die Fieslinge auf den Weg nach draußen, in die Außenanlage.

„Wir sehen uns wieder!", zischt ihr Anführer Oskar zu, „Und dann gewinnen WIR!"

Hoch erhobenen Hauptes gehen sie hinaus. Von hinten schauen ihnen Oskar und seine Freunde noch nach und sind verblüfft, als sie den Schriftzug der vermeintlichen Vereinstrikots entziffern, auf denen nichts anderes als „Schul-AG" steht.

„Von wegen Vereinsspieler!“, raunt Lou ihren Freunden zu, „Wir haben uns viel zu sehr von ihren Klamotten einschüchtern lassen. Seht ihr!? Das waren wirklich nur Angeber!“

Und tatsächlich erscheinen ihnen auch die weiten Hosen der anderen eher wie Badehosen und die Stutzen irgendwie wie selbstgestrickt ...

„Und was für welche!“, antwortet Oskar, „Dabei wussten die ja noch nicht mal, wie viele Spieler aufs Eis gehören und was ein Bully ist!“

Lou und alle anderen müssen lachen ... vor Erleichterung, weil sie ihr Spiel endlich hinter sich haben ... auch, weil sie gemerkt haben, was sie selbst schon alles über Eishockey wissen ... aber vor allem, weil sie ein so großartiges Team sind, das immer zusammenhält und in dem sich alle vollkommen aufeinander verlassen können. Ob groß oder klein ... ob Mädchen oder Junge.

So sind sich alle Freunde sicher, dass sie sich auch im nächsten Halbjahr wieder für diese Eishockey-AG anmelden wollen, um noch viel mehr von diesem so wunderbar spannenden und schnellen Sport zu lernen.

Und sie können es kaum noch erwarten, dann in einem richtigen Match aus vollstem Herzen zu rufen:

„EISHOCKEY-KIDS ... Das sind WIR!“

ENDE

Nachwort

Geschrieben von Raeto Raffainer
Council-Mitglied des Internationalen Eishockey-Verbandes (IIHF)

Liebe junge Leserinnen und Leser,

mit großer Freude und Begeisterung habe ich die Abenteuer von Oskar, Wilma, Flo und Lou verfolgt, die uns in diesem ersten Band der "Eishockey-Kids" auf eine spannende Reise mitgenommen haben.

Als Mitglied des Internationalen Eishockey-Verbandes (IIHF) liegt mir dieser Sport besonders am Herzen und ich möchte euch ermuntern, selbst die Faszination des Eishockeys zu entdecken.

Eishockey ist mehr als nur ein Spiel auf dem Eis. Es ist eine Mannschaftssportart, die uns lehrt, zusammenzuarbeiten, uns aufeinander zu verlassen und gemeinsam Ziele zu erreichen. Durch Eishockey entwickelt ihr nicht nur eure athletischen Fähigkeiten, sondern auch wichtige Werte wie Teamgeist, Zusammenhalt und Respekt.

In der Geschichte der Eishockey-Kids haben wir gesehen, wie Oskar und seine Freunde durch ihren Mut, ihre Entschlossenheit und ihre Freundschaft große Herausforderungen gemeistert haben.

Diese Erlebnisse zeigen uns, wie wertvoll es ist, Teil eines Teams zu sein und gemeinsam Erfolge zu feiern.

Ich möchte euch ermutigen, selbst aktiv zu werden und Eishockey auszuprobieren. Es ist eine aufregende Sportart, die Schnelligkeit, Geschick und Ausdauer erfordert.

Doch vor allem bietet sie die Möglichkeit, Freundschaften zu schließen, unvergessliche Erlebnisse zu teilen und gemeinsam Spaß zu haben.

Besucht ein Eishockeytraining, bildet eure eigenen Teams und erlebt die Freude, die dieser Sport mit sich bringt. Ihr werdet feststellen, dass der Teamgeist, den ihr auf dem Eis entwickelt, euch auch im Alltag stärkt und begleitet.

Ein besonderer Dank gilt Sabine Hahn, die mit ihrer wunderbaren Idee, dem Text und den bunten Illustrationen die Welt der Eishockey-Kids zum Leben erweckt hat.

Ebenso danke ich dem gesamten Team, das dieses Buch möglich gemacht hat, und natürlich euch, liebe Leserinnen und Leser, für eure Begeisterung und Unterstützung.

Lasst uns die Werte von Teamfähigkeit, Zusammenhalt und Freude an Bewegung hochhalten. Werdet Teil der Eishockeygemeinschaft und erlebt selbst, wie viel Spaß es macht, gemeinsam auf dem Eis zu stehen.

Eishockeygrüße,

Raeto Raffainer
Council-Mitglied des Internationalen Eishockey-Verbandes (IIHF)

Informationen, Lesungen, Ausmalbilder und vieles mehr auf: www.sabinehahn.net

SABINE HAHN

Die EISHOCKEY-Kids

ABENTEUER AUF DEM EIS

Entdeckt alle weiteren Bücher von Sabine Hahn:

Überall im Buchhandel erhältlich